Impressum
Verlag: BABADADA GmbH, Nedderfeld 112 , 22529 Hamburg
Geschäftsführer / Verlagsleitung: Harald Hof
Druck: Books on Demand GmbH, In de Tarpen 42, 22848 Norderstedt

Imprint
Publisher: BABADADA GmbH, Nedderfeld 112 , 22529 Hamburg, Germany
Managing Director / Publishing direction: Harald Hof
Print: Books on Demand GmbH, In de Tarpen 42, 22848 Norderstedt, Germany

ቤት-ትምህርቲ

sekolah

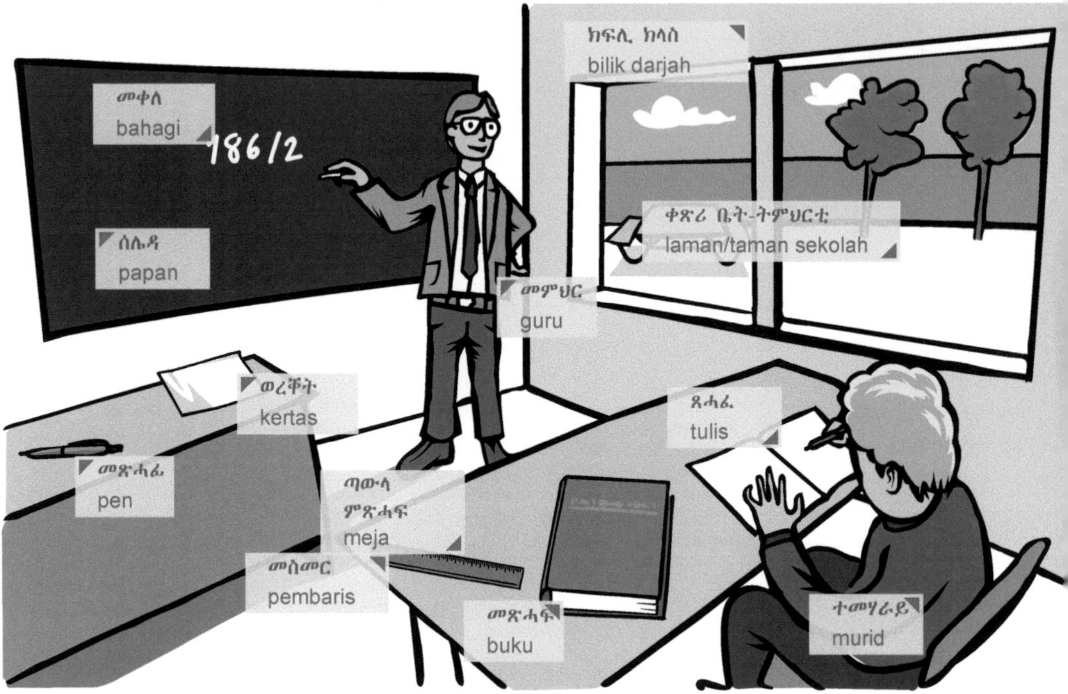
ክፍሊ ክላስ
bilik darjah
መቀለ
bahagi
186/2
ሰሌዳ
papan
ቀጽሪ ቤት-ትምህርቲ
laman/taman sekolah
መምህር
guru
ወረቐት
kertas
ጸሓፊ
tulis
መጽሓፊ
pen
ጣውላ
ምጽሓፍ
meja
መስመር
pembaris
መጽሓፍ
buku
ተመሃራይ
murid

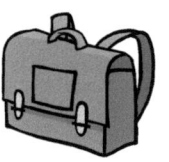

ሳንጣ ትምህርቲ
beg galas

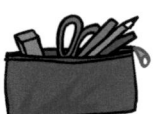

ሰፌር ብርዒ
kotak pensel

ርሳስ
pensel

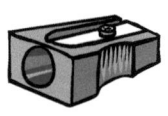

መብልሒ ርሳስ
pengasah pensel

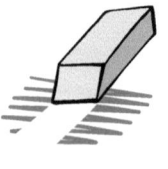

መደምሰሲ
pemadam

ጥራዝ ስእሊ
kertas lukisan

ስእሊ
melukis

ብርሒ ቀለም
berus lukis

ቦክስ ቀለም
kotak warna

መቐስ
gunting

መጣበቒ
gam

ጥራዝ መላመዲ
buku latihan

ዕዮ ገዛ
kerja rumah

12

ቁጽሪ
nombor

2+2

ወሰኸ
tambah

5-2

ጎደለ
tolak

2×2

ረብሐ
darab

ደመረ
kira

A

ፊደል
huruf

ABCDEFG
HIJKLMN
OPQRSTU
VWXYZ

ስርዓት ፊደላት
abjad

hello

ቃል
kata

ጽሑፍ

teks

አንበበ

baca

ኩርሽ

kapur

ሰዓት

pelajaran

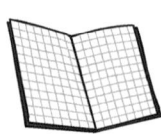

መዝገብ ክላስ

daftar

መርመራ

peperiksaan

ሰርቲፊከት

sijil

ድቢዛ ቤትትምህርቲ

uniform sekolah

ትምህርቲ

pendidikan

ለክሲኮን

ensiklopedia

ዩኒቨርሲቲ

universiti

ሚክሮስኮፕ

mikroskop

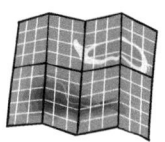

ካርታ

peta

ጎሓፍ ወረቐት

bakul sampah

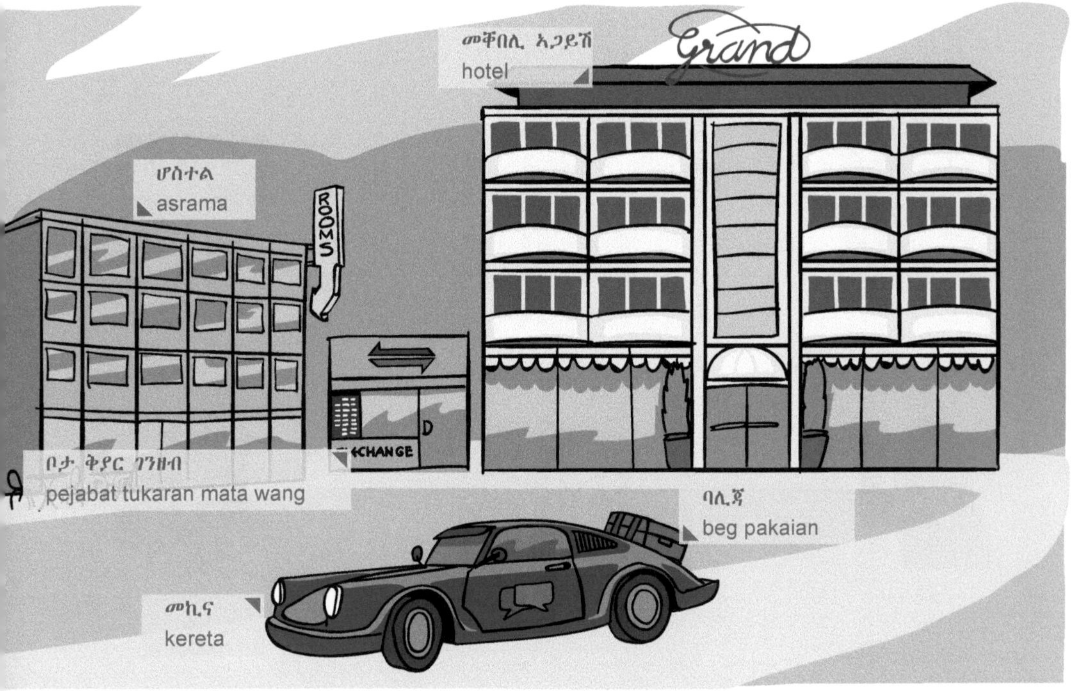

መቐበሊ ኣጋይሽ
hotel
Grand
ሆስተል
asrama
ROOMS
CHANGE
ቦታ ቅያር ገንዘብ
pejabat tukaran mata wang
ባሊጃ
beg pakaian
መኪና
kereta

ቋንቋ

bahasa

እወ / ኖ

ya / tidak

ሕራይ

okey

ሰላም

helo

ኣስተርጓሚ

penterjemah

የቐንየለይ

Terima kasih

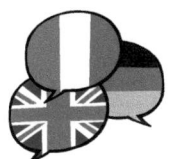

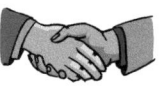

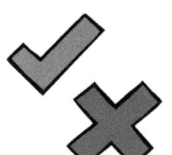

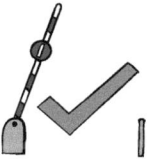

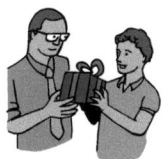

. . . ክንደይ ዋግኡ?

berapa banyak...?

አይተረድአኹን

saya tidak faham

ሽግር

masalah

ሰላም ምሸት!

Selamat petang!

ከመይ ሓዲርካ

Selamat Pagi!

ሰላም ለይቲ

Selamat Malam!

ደሓን ኩን

selamat tinggal

አንፈት

arah

ጉዓዝ

bagasi

ሳንጣ

beg

ሳንጣ ሕቖ

beg galas

ጋሻ

tetamu

ክፍሊ

bilik tidur

ክሻ መደቀሲ

beg tidur

ቴንዳ

khemah

ሓበሬታ በጸሕቲ ሃገር

maklumat pelancong

ገምገም ባሕሪ

pantai

ክሬዲት ካርድ

kad kredit

ቁርሲ

sarapan

ምሳሕ

makan tengah hari

ድራር

makan malam

ቲከት

tiket

ሊፍት

lif

ማሕተም ደብዳበ

setem

ዶብ

sempadan

ድንና

kastam

ኣምባሲ

kedutaan

ቪዛ

visa

ፓስፖርት

pasport

መጓዓዝያ
pengangkutan

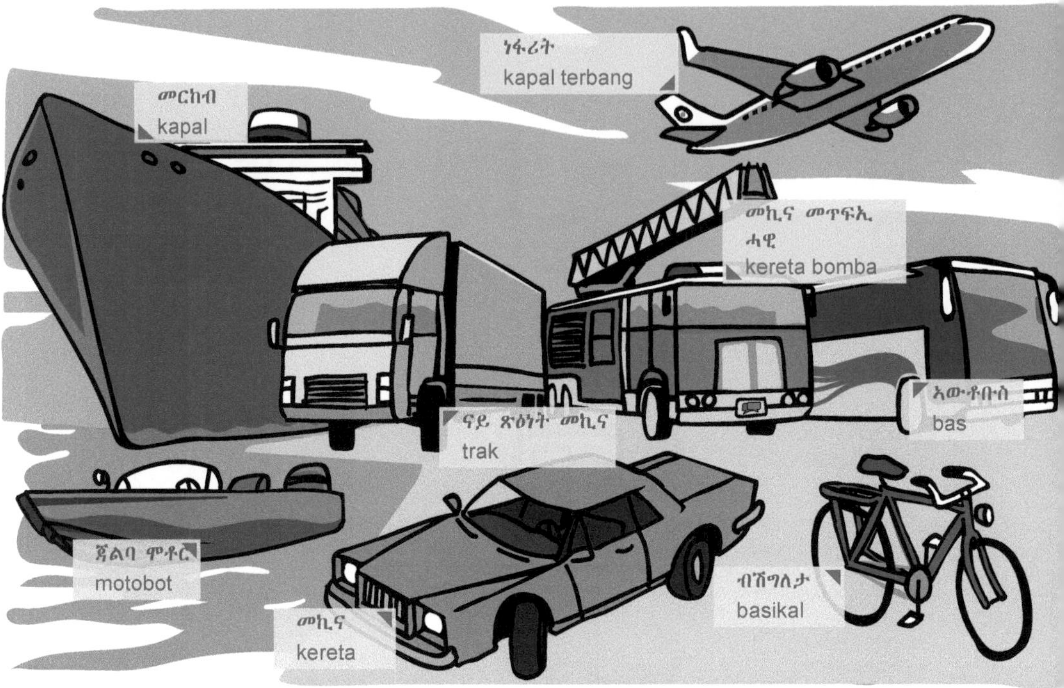
ነፋሪት
kapal terbang
መርከብ
kapal
መኪና መጥፍኢ ሓዊ
kereta bomba
ኣውቶቡስ
bas
ናይ ጽዕነት መኪና
trak
ጃልባ ሞቶር
motobot
ብሽግለታ
basikal
መኪና
kereta

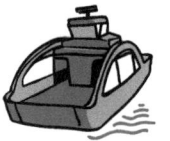

ፈሪ

feri

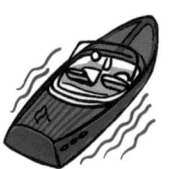

ጃልባ

bot

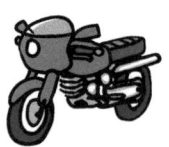

ሞቶ

motosikal

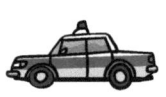

መኪና ፖሊስ

kereta polis

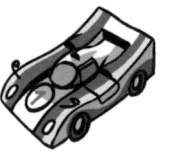

መኪና ቅድድም

kereta lumba

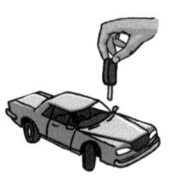

ክራይ መኪና

kereta sewa

ምውፋይ መካይን

berkongsi kereta

መወሰዲ መኪና

trak tunda

መኪና ጎሓፍ

trak menolak

ሞቶር

motor

ነዳዲ

bahan api

እንዳ ነዳዲ

stesen minyak

ምልክት ትራፊክ

tanda trafik

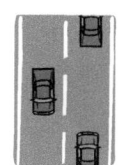

ትራፊክ

trafik

ምጭቕጫቕ ትራፊክ

kesesakan lalu lintas

መዓሸጊ መኪና

tempat parkir

መዕረፊ ባቡር

stesen kereta api

ሓዲግ

trek

ባቡር

kereta api

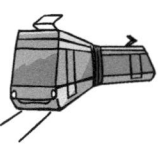

ትሬም

trem

ባጎኒ

gerabak

ሄሊኮፕተር

helikopter

መዓረፍ ነፈርቲ

lapangan terbang

ታወር

Menara

ተጓዥ

penumpang

ኮንተይነር

bekas

ሳንዱቅ ካርቶን

kadbod

ኮርሳ ጽዕነት

kart

ዘንቢል

bakul

ተበገሰ / ዓለበ

berlepas / mendarat

ከተማ

bandar

ቀሸት

kampung

ማእከል ከተማ

pusat bandar

ገዛ

rumah

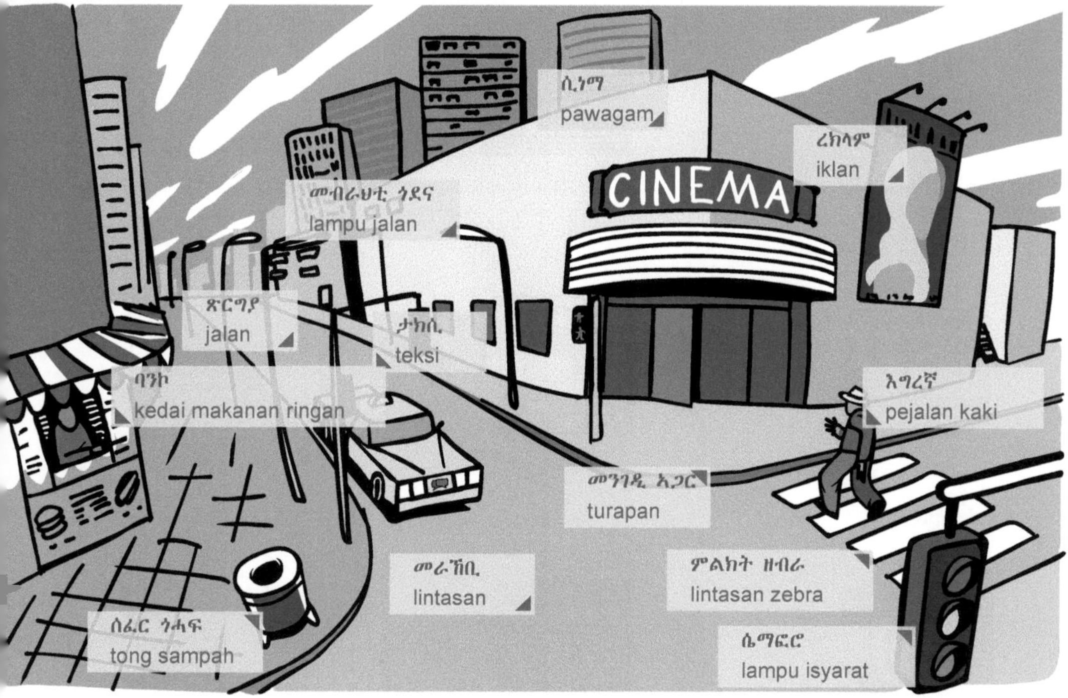

ሲነማ
pawagam

ሪክላም
iklan

መብራህቲ ጎደና
lampu jalan

ጽርግያ
jalan

ታክሲ
teksi

ባንኮ
kedai makanan ringan

CINEMA

እግረኛ
pejalan kaki

መንገዲ አጋር
turapan

መራኽቢ
lintasan

ምልክት ዘብራ
lintasan zebra

ሰፈር ጎሓፍ
tong sampah

ሴማፎር
lampu isyarat

አጎዶ
pondok

አፓርትመንት
flat

መዕረፊ ባቡር
stesen kereta api

ቤት ምምሕዳር
dewan bandar

ቤተ መዘክር
muzium

ቤት-ትምህርቲ
sekolah

ዩኒቨርሲቲ
universiti

ባንክ
bank

ሆስፒታል
hospital

መቐበሊ ኣጋይሽ
hotel

ቤት መድሃኒት
farmasi

ቤት ጽሕፈት
pejabat

ዱኳን መጽሓፍቲ
kedai buku

ዱኳን
kedai

ዱኳን ዕንባባ
kedai bunga

ሱፐርማርክት
pasar raya

ዕዳጋ
pasaran

ሹቕ
gedung

ነጋዳይ ዓሳ
penjual ikan

ሹቕ
pusat membeli-belah

መርሳ
pelabuhan

መዘናግዒ
taman

ባንኪ
bangku

ድልድል
jambatan

መደያይቦ
tangga

ባቡር ትሕቲ ምድሪ
bawah tanah

ቢንቶ
terowong

መዕረፊ ኣውቶቡስ
hentian bas

ቤት መስተ
bar

ቤት-መግቢ
restoran

ስታሪት
peti surat

ታቤላ
papan tanda jalan

ሰዓት ፓርኪንግ
meter parkir

መካነ እንስሳታት
zoo

መሓምበሲ
kolam renang

መስጊድ
masjid

ቤት ሕርሻ
....
ladang

ብከላ
....
pencemaran

መቓበር
....
tanah perkuburan

ቤተክርስትያን
....
gereja

ቦታ ምጽዋት
....
taman permainan

ቤት መቕደስ
....
kuil

ስእሊ መሬት
landskap

አቝጽልቲ
daun

መሕበሪ መገዲ
tiang tanda

መገዲ
jalan

ሸኻ
padang rumput

እምኒ
batu

ኮብላሊ
pejalan kaki

ኣግራብ
pokok

ፈለግ
sungai

ሳዕሪ
rumput

ዕንባባ
bunga

ስንጭሮ
....
lembah

ጎበ
....
bukit

ቀላይ
....
tasik

ዱር
....
hutan

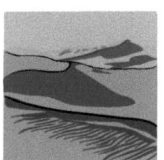

ምድረ በዳ
....
padang pasir

እሳተ-ጎመራ
....
gunung berapi

ግምቢ
....
istana

ቀስተ-ደመና
....
pelangi

ቃንጥሻ
....
cendawan

ዓርኮብኮባይ
....
pokok kelapa sawit

ጣንጡ
....
nyamuk

ሃመማ
....
terbang

ጻጻ
....
semut

ንህቢ
....
lebah

ሳሬት
....
labah-labah

ሕንዚዝ

kumbang

ዕንቅርዖብ

katak

ምጽጹላይ

tupai

ቅንፍዝ

landak

ማንቲለ

arnab

ጉንጓ

burung hantu

ጭሩ

burung

ስዋን

angsa

መፍለስ

babi jantan

ዓጋዝን

rusa

ሙስ

moose

ግድብ

empangan

ተርባይን ንፋስ

turbin angin

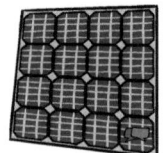

ሶላር ስርሓት

panel solar

ኩነታት ኣየር

iklim

ቤት-መግቢ
restoran

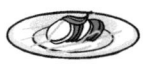

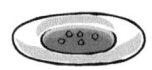

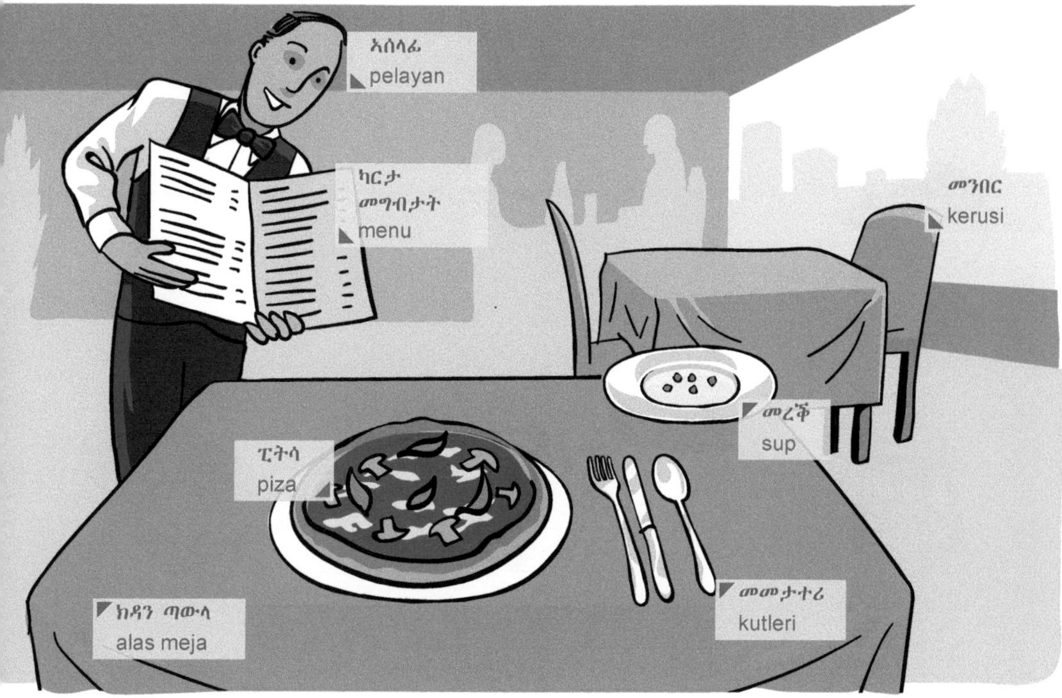
ኣሰላፊ
pelayan
ካርታ መግብታት
menu
መንበር
kerusi
መረቕ
sup
ፒትሳ
piza
ክዳን ጣውላ
alas meja
መመታተሪ
kutleri

ቅድመ ቀንዲ መግቢ

pemula

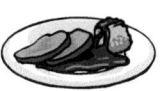

ቀንዲ መኣዲ

hidangan utama

ድሕረ መግቢ

pencuci mulut

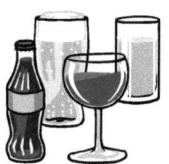

መስተ

minuman

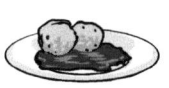

መግቢ

makanan

ጥርሙዝ

botol

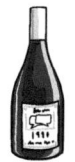

ስሉጥ መግቢ

makanan segera

መግቢ ጽርግያ

makanan jalanan

ብርጭቆ ሻሂ

teko

ታኒካ ሽኮር

mangkuk gula

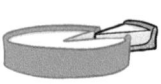

ክፋል

bahagian

ማሺን ኤስፕረሶ

mesin espreso

ነዊሕ መንበር

kerusi tinggi

ጸብጻብ

bil

ታብለት

dulang

ካራ

pisau

ፋርከታ

garfu

ማንካ

sudu

ማንካ ሻሂ

sudu teh

ሰርቭየተ

serviette

ብኬሪ

gelas

ሸሓኒ

pinggan

ሸሓኒ መረቕ

mangkuk sup

ትሕቲ ኩባያ

piring

ጸብሒ

sos

ወሃቢ ጨው

tempat garam

መጥሓን በርበረ

pengisar lada

አቾቶ

cuka

ዘይቲ

minyak

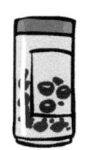

ቀመም

rempah

ከቹፕ

sos

አድሪ

mustard

ማዮኔዝ

mayones

ሱፐርማርክት

pasar raya

ወፈያ
tawaran istimewa
FOR
ዓሚል
pelanggan
ፍርያታት ጻባ
tenusu
ፍረታት
buah-buahan
ሰረገላ ዱኳን
troli

BUTCHERS

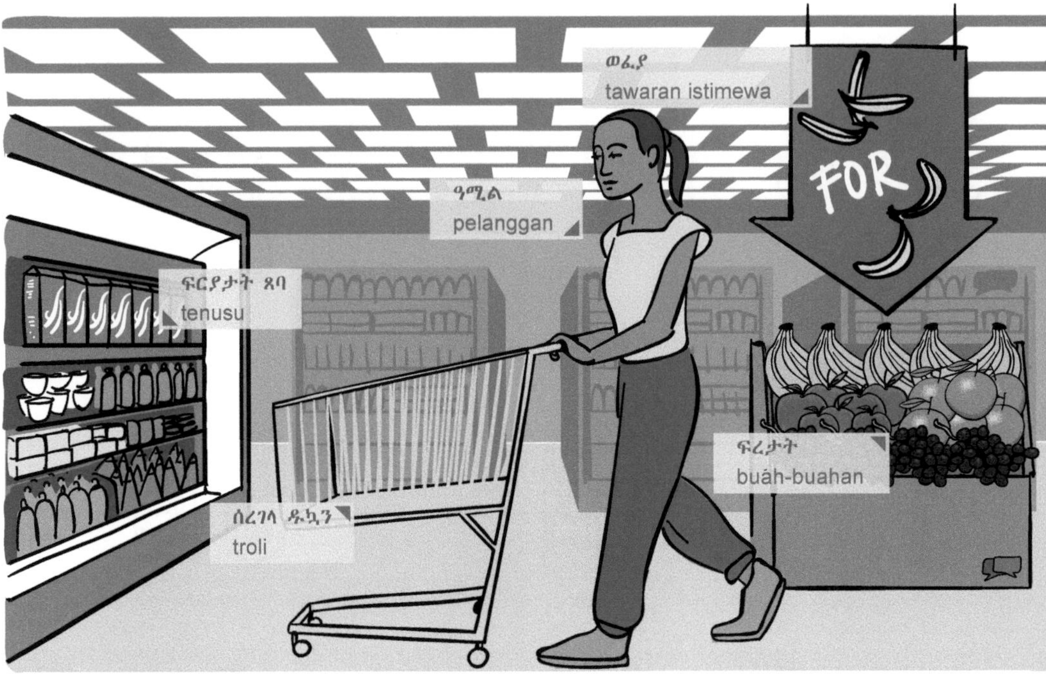

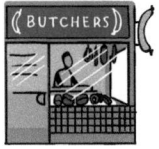

እንዳ ስጋ

tukang daging

BAKERY

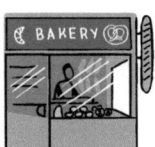

እንዳ ባኒ

kedai roti

ክብደት

berat

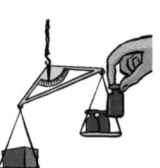

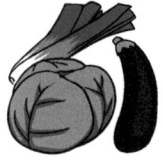

ኣሕምልቲ

sayur-sayuran

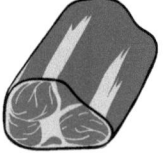

ስጋ

daging

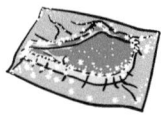

መግቢ ፍሪጅ በረድ

makanan sejuk beku

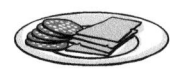

ዝሑል ቅሩብ መግቢ.

daging sejuk

እስታጥላ

makanan dalam tin

አሞ

serbuk pencuci

ምቁር መግቢ.

gula-gula

ዘቤታውያን አቝሑ

produk isi rumah

ናውቲ መጸረዪ

produk pembersihan

ሸቃጣይ

orang jualan

ካሳ

daftar tunai

ተሓዝ ገንዘብ

juruwang

ዝርዝር ምግዛእ

senarai membeli-belah

ክፉት ሰዓታት

waktu pembukaan

ማሕፉዳ

beg duit

ክረዲት ካርድ

kad kredit

ሳንጣ

beg

ፌስታል

beg plastik

ማይ

air

ጁማቆኅ

jus

ጸባ

susu

ኮላ

kola

ነቢት

wain

ቢራ

bir

አልኮል

alkohol

ካካው

koko

ሻሂ

the

ቡን

kopi

ኤስፕረሶ

espreso

ካፑቺኖ

kapucino

ባናና

pisang

ቱፋሕ

epal

አራንሺ

oren

ብርጭቆ

tembikai

ለሚን

lemon

ካሮት

lobak merah

ጸዕዳ ሽጉርቲ

bawang putih

ባምቡስ

buluh

ሽጉርቲ

bawang

ቅንጦሻ

cendawan

ፉል

kacang

ፓስታ

mi

ስፓገቲ

spageti

ሩዝ

nasi

ሰላጣ

salad

ቅልዋ ድንሽ

kerepek

ቅሉዉ ድንሽ

kentang goreng

ፒትሳ

piza

ሃምቡርገር

hamburger

ፓኒኖ

sandwic

ቢስተካ

kutlet

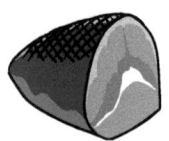

ሰለፍ ሓሰማ

ham

ሳላሚ

salami

ግዕዝም

sosej

ደርሆ

ayam

ቀለወ

panggang

ዓሳ

ikan

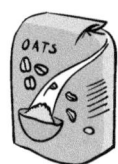

ገዓት
....
bubur oat

ሙስሊ
....
muesli

ኮርንፍለይክስ
....
emping jagung

ሐርጭ
....
tepung

ክሮሶን
....
kroisan

ባኒ
....
roti roll

ባኒ
....
roti

ቶስት
....
roti bakar

ብሽኮቲ
....
biskut

ጠስሚ
....
mentega

ርጎአ
....
dadih

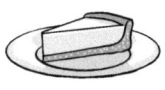

ፓስተ
....
kek

እንቋቍሖ
....
telur

ቅሉው እንቋቍሖ
....
telur goreng

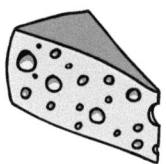

ፋርማጆ
....
keju

አይስ ክሪም
....
ais krim

ሽኮር
....
gula

መዓር
....
madu

ጀም
....
jem

ኑጋት-ክሪም
....
krim nougat

ኩሪ
....
kari

ቤት ሕርሻ
ladang

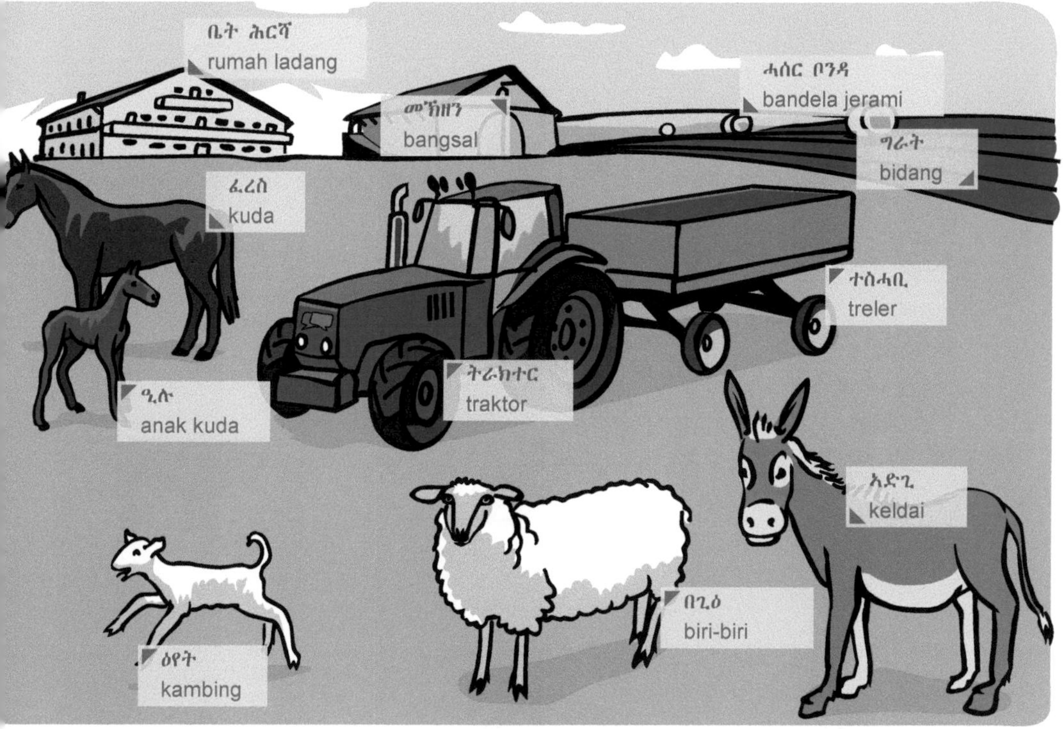
ቤት ሕርሻ
rumah ladang
መኽዘን
bangsal
ሓሰር ቦንዳ
bandela jerami
ግራት
bidang
ፈረስ
kuda
ተስሓቢ
treler
ዒሉ
anak kuda
ትራክተር
traktor
ኣድጊ
keldai
በጊዕ
biri-biri
ዕየት
kambing

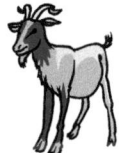

ጤል

kambing

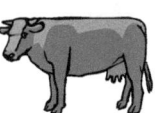

ብዕራይ

lembu

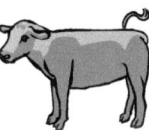

ምራኽ

anak lembu

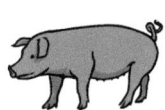

ሓሰማ

babi

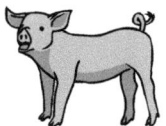

ውላድ ሓሰማ

anak babi

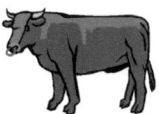

ኣርሓ

lembu

ዓሳ
angsa

ማይ ደርሆ
itik

ጫቆሳት
anak ayam

ደርሆ
ayam betina

ኣርሓ ደርሆ
ayam jantan muda

ኣንጨዋ ዓባይ
tikus

ድሙ
kucing

ኣንጨዋ
tikus

ብዕራይ
lembu jantan

ከልቢ
anjing

ኣጉዶ ከልቢ
rumah anjing

ቱባ ጀርዲን
hos taman

መዝሪፊ ማይ
bekas siraman

ዓቢ ማዕጺድ
sabit

ማሕረሻ
bajak

ማዕጺድ
sabit

ጭጓር
cangkul

መስአ
serampang peladang

ፋስ
kapak

ዓረብያ ኢድ
kereta sorong

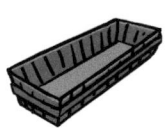

ጋብላ
palung

ብርጭቆ ጸባ
tin susu

ክሻ
karung

ሓጹር
pagar

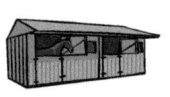

መንሰስ
stabil

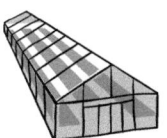

ቆጠልያ ገዛ
rumah hijau

ባይታ
tanah

ዘርኢ
benih

ድኹዒ
baja

ዘጣምር ቀውዓይ
jentuai

ቀውዐ

tuai

ጻጋ

menuai

ድንሽ ያም

keladi

ስርናይ

gandum

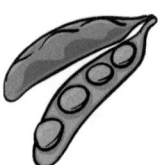

ሶያ

soya

ድንሽ

kentang

ዕፉን

jagung

ራፕስ

biji sawi

ገረብ ፍረታት

pokok buah-buahan

ማነኦክ

ubi kayu

አእኻል

bijirin

rumah

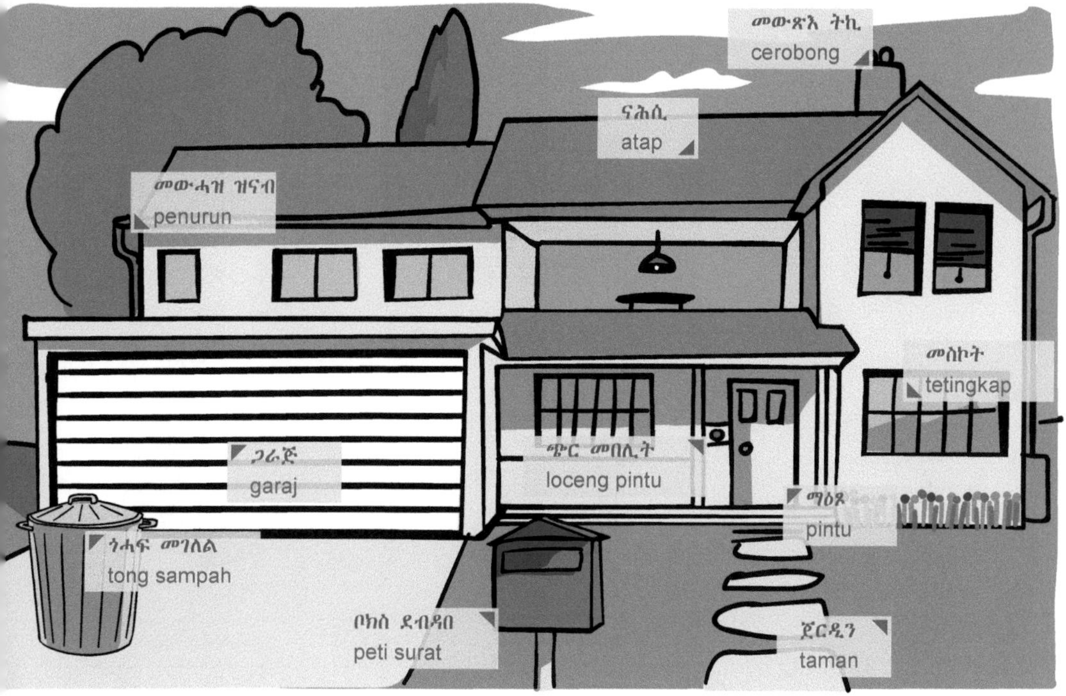

መውጽእ ትኪ
cerobong

ናሕሲ
atap

መውሓዝ ዝናብ
penurun

መስኮት
tetingkap

ጋራጅ
garaj

ጭር መበሊት
loceng pintu

ማዕጾ
pintu

ነሓፍ መገለል
tong sampah

ቦክስ ደብዳበ
peti surat

ጀርዲን
taman

ክፍሊ ምችማጥ
ruang tamu

ክፍሊ ባንዮ
bilik air

ክሽነ
dapur

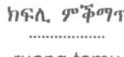

ክፍሊ መደቀሲ
bilik tidur

ክፍሊ ቆልዑ
bilik kanak-kanak

መመገቢ ክፍሊ
ruang makan

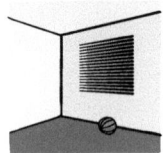

ባይታ
lantai

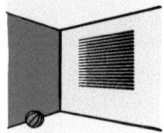

መንደቅ
dinding

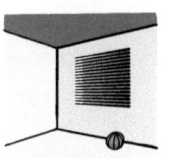

ከቦርታ
siling

ካንቲና
bilik bawah tanah

ሳውና
sauna

ባልኮን
balkoni

ዛላ
teres

መሕምበሲ
kolam renang

መቝረጺ ሳዕሪ
pemotong rumput

አንሶላ ዓራት
lembaran

ከቦርታ ዓራት
penutup tilam

ዓራት
katil

መኸስተር
penyapu

መገለል
timba

መወልዒት
suis

ክፍሊ ምቕማጥ

ruang tamu

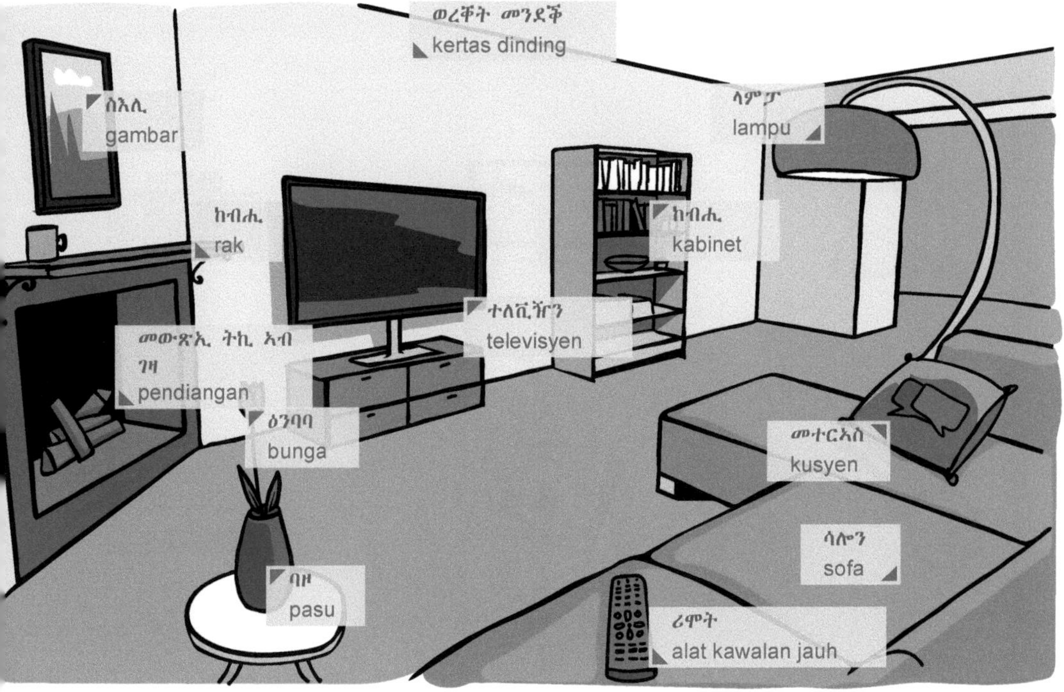

ወረቐት መንደቕ
kertas dinding
ስእሊ
gambar
ላምፓ
lampu
ክብሒ
rak
ክብሒ
kabinet
ተለቪዥን
televisyen
መውጽኢ ትኪ ኣብ ገዛ
pendiangan
ዕንባባ
bunga
መተርኣስ
kusyen
ሳሎን
sofa
ባዞ
pasu
ሪሞት
alat kawalan jauh

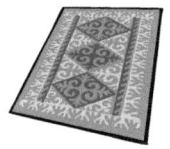

መንጸፍ

permaidani

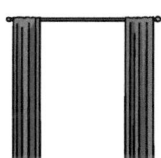

መጋረጃ

tirai

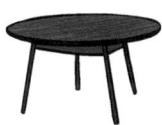

ጣውላ

meja

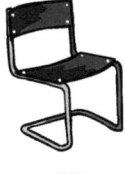

መንበር

kerusi

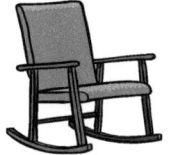

ሰለል ዝብል መንበር

kerusi malas

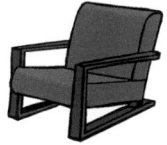

መንበር ምቹእ

kerusi

መጽሓፍ

buku

ከቦርታ

selimut

ስልማት

hiasan

እንጨይቲ ሓዊ

kayu api

ፊልም

filem

ስተረዮ

hi-fi

መፍትሕ

kunci

ጋዜጣ

akhbar

ቅብአ

lukisan

ፖስተር

poster

ረድዮ

radio

ጥራዝ

buku catatan

መልገሲ ደሮና

penyedut habuk

በለስ

kaktus

ሽምዓ

lilin

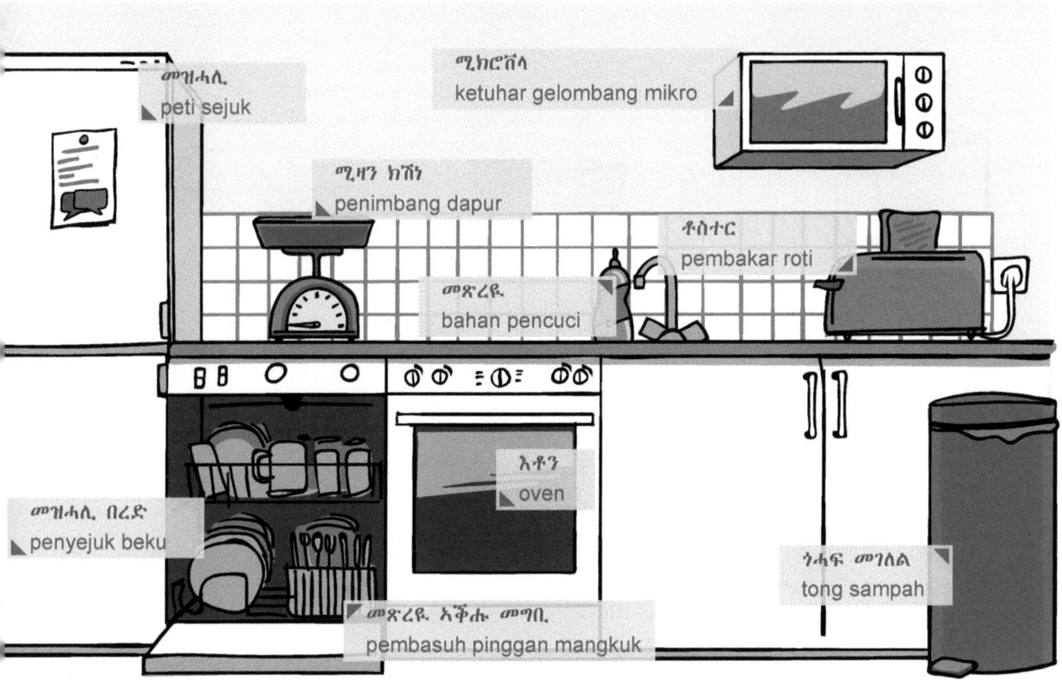

መዝሓሊ
peti sejuk

ሚክሮቨላ
ketuhar gelombang mikro

ሚዛን ክሽን
penimbang dapur

ቶስተር
pembakar roti

መጽረዪ
bahan pencuci

እቶን
oven

መዝሓሊ በረድ
penyejuk beku

ጎሓፍ መገለል
tong sampah

መጽረዪ ኣቕሓ መግቢ
pembasuh pinggan mangkuk

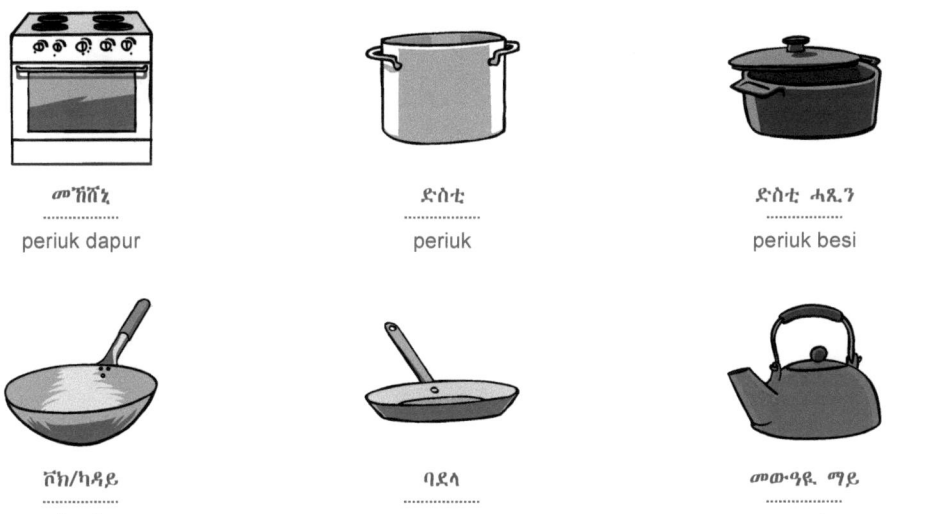

መኽሸኒ	ድስቲ	ድስቲ ሓጺን
periuk dapur	periuk	periuk besi

ቆኩ/ካዳይ	ባደላ	መውዓዪ ማይ
kuali	pan	cerek

መፍልሒ

pengukus

ጎንቴራ ምስንካት

dulang pembakar

ኣቑሑ መግቢ

pinggan mangkuk

ብርጭቆ

koleh

ጮሓሎ

mangkuk

ማንካቼና

penyepit

ማንካ መረቕ

senduk

መገልበጢ ባደላ

spatula

መኽስተር ውርጪ

pengadun

መንፊት መግቢ

penapis

መንፊት

ayak

መፋሕፍሒ

pemarut

ሞርታር

mortar

ባርቢክዩ

barbeku

ስፍራ ሓዊ

pembakaran terbuka

እንጨይቲ ምምታር

papan pencincang

እንጨይቲ ኰረር

pin golekan

መኽፈት ቡሽ

skru gabus

ታኒካ

tin

መኽፈቲ ታኒካ

pembuka tin

ጨርቂ ድስቲ

pemegang periuk

ቡምባ

sinki

አስባስላ

berus

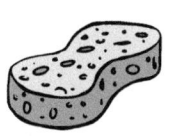

ሰፍነግ

span

ሓዋሲ አደባላቒ

pengisar

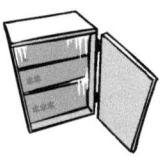

መዝሓሊ በረድ

penyejuk beku

ጥርሙዝ ማማይ

botol bayi

ቡምባ ማይ

paip

ክፍሊ ባንዮ

bilik air

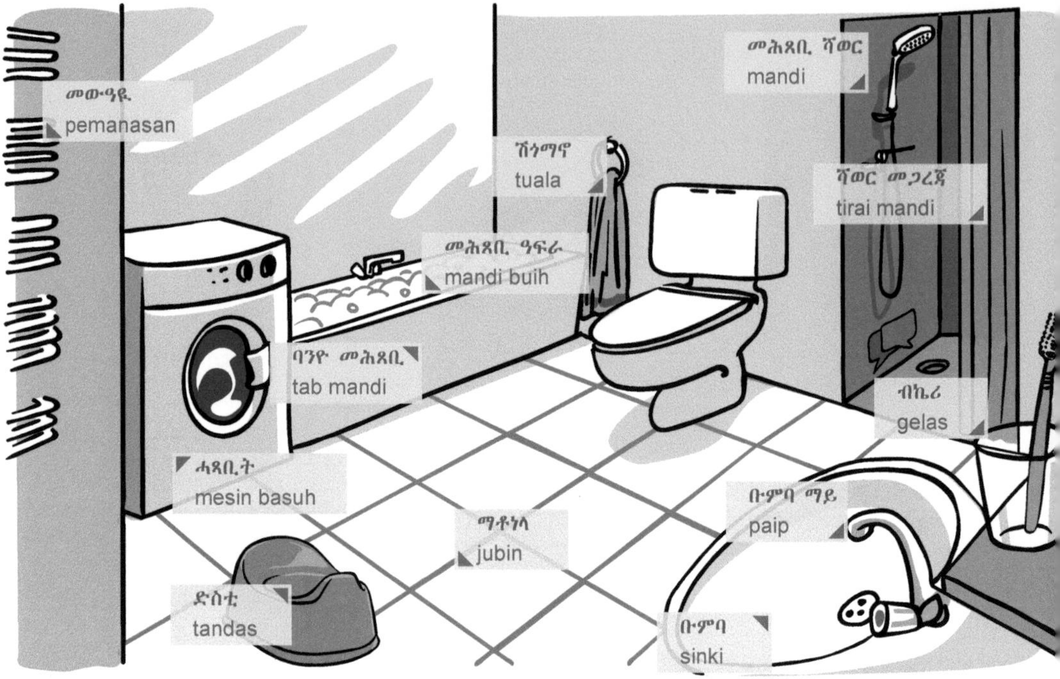

መውዓዪ
pemanasan
ሽጎማኖ
tuala
መሕጸቢ ሻወር
mandi
ሻወር መጋረጃ
tirai mandi
መሕጸቢ ዓፍራ
mandi buih
ባንዮ መሕጸቢ
tab mandi
ብኬሪ
gelas
ሓጻቢት
mesin basuh
ቡምባ ማይ
paip
ማቶነላ
jubin
ድስቲ
tandas
ቡምባ
sinki

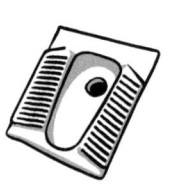

ሽቓቕ

tandas

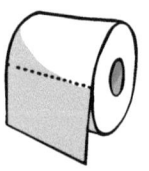

ሽቓቕ ኮፍ

tandas mencangkung

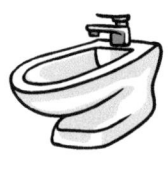

በዱ

mangkuk tandas

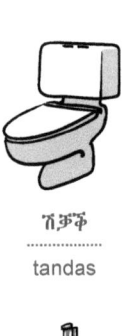

ሽቃቕ ተባዕታይ

tandas awam

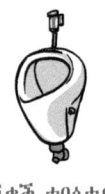

ወረቐት ሽቓቕ

kertas tandas

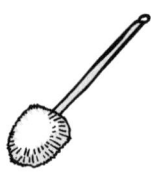

ኣስባስላ ሽቓቕ

berus tandas

አስባስላ ስኒ

berus gigi

ክሬማ ስኒ

ubat gigi

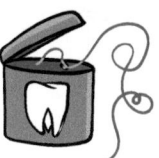

ሃሪ ስኒ

flos gigi

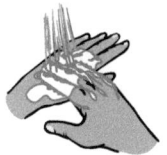

ሓጸብ

cuci

ዱሽ ኢድ

mandian tangan

ዱሽ

pancuran

ብርጭቆ ምሕጻብ

besen

አስባስላ ሕቖ

belakang berus

ሳምና

sabun

ሻወር ጀል

gel mandian

ሻምፑ

syampu

ጨርቂ መሕጸቢ

flanel

መውሓዚ

longkang

ክሬማ

krim

ደዮ ጨና

deodoran

መስትያት
....
cermin

ናይ ኢድ መስትያት
....
cermin tangan

መላጸ
....
pisau cukur

ዓፍራ ምልጻይ
....
busa cukur

ጨና ድሕሪ ምልጻይ
....
selepas cukur

መመሸጥ
....
sikat

አሰባስላ
....
berus

መንቆጺ ጸጉሪ
....
pengering rambut

ስፕረይ ጸጉሪ
....
semburan rambut

መመላኽዪ
....
mekap

ብርዒ ቀለም ከንፈር
....
gincu

አዝማልቶ
....
varnis kuku

ጸምሪ ጡጥ
....
bulu kapas

መስደዲ ጽፍሪ
....
gunting kuku

ጨና
....
pewangi

ሳንጣ መሕጸቢ

beg basuhan

ድኳ

bangku

ሚዛን

skala berat

ክዳን መሕጸቢ

jubah mandi

ንንቲ መጸረዪ

sarung tangan getah

ታምፖን

kapas

ጨርቂ ሰበይቲ

tuala wanita

ሽቓቕ ከሚስትሪ

tandas kimia

ክፍሊ ቆልዑ

bilik kanak-kanak

ኣላርም መተስኢ
jam loceng
መጻወቲ እንስሳ
mainan kegemaran
መጻወቲ መኪና
kereta mainan
ኳሕኳሕ መበሊ
kerincing bayi
ቤት ባምቡላ
rumah anak patung
ህያብ
hadiah

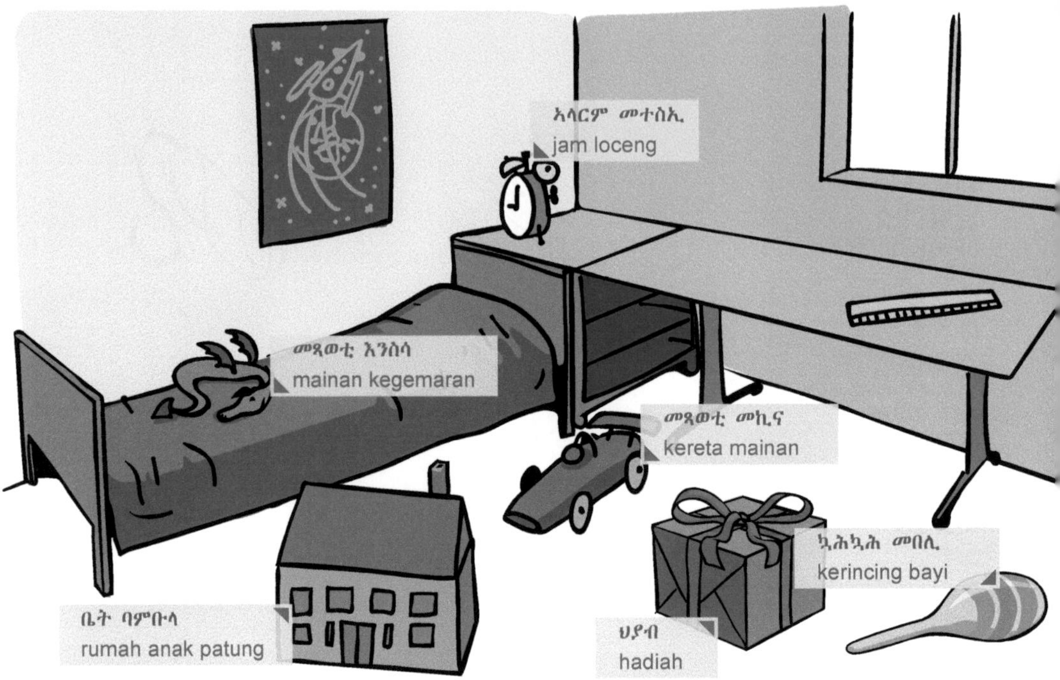

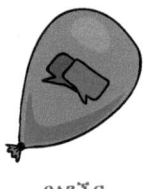

ባላንችና
....
belon

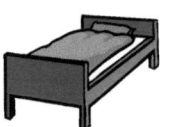

ዓራት
....
katil

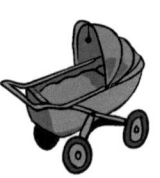

ሰረገላ ህጻን
....
kereta sorong bayi

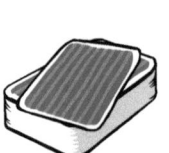

ጸወታ ካርታ
....
set kad

ሕንቅሊተይ
....
susun suai gambar

SUPER MEGA

ኮሚዲ
....
komik

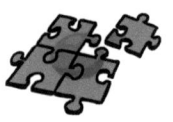

እምንታት መጻወቲ ለጎ

batu bata lego

መጻወቲ እምንታት

blok mainan

በዓል አክሽን

figura aksi

ክዳን ማማይ

baju bayi

ፍሪስቢ

frisbee

ሞባይል ማማይ

mainan bayi mudah alih

ጸወታ ሰሌዳ

permainan papan

ኩቦ

dadu

ሞደል ባቡር ምድሪ

set model kereta api

ዓባስ

palsu

ፓርቲ

parti

መጽሓፍ ስእሊ

buku bergambar

ኩዕሶ

bola

ባምቡላ

anak patung

ተጻወተ

main

መጻወቲ ሓጺ

lubang pasir

ሰላል

buai

መጻወቲታት

mainan

ኮንሶል ቪድዮ

konsol permainan video

መጻወቲ ስለስተ መንኮርኮር

basikal roda tiga

ተዲ

anak patung beruang

ከብሒ ክዳን

almari pakaian

ክዳን

pakaian

ካልስታት

stoking

ነዊሕ ካልስታት

stoking

ስረ ካልሲ

ketat

ሻርባ
skarf

ጽላል
payung

ማልያ
kemeja-t

keselamatan

ፈፉዕ
but

ጫማ ገዛ
selipar

ስኒከርስ
kasut sukan

ሻበጥ	ጫማ	ፈፉዕ ጎማ
sandal	kasut	but getah

ሙታንታ	ክዳን ጡብ	ትሕተ ካሚቾ
seluar dalam	coli	ves

ቦዲ

badan

ስሪ

Seluar panjang

ጂንስ

jean

ቀምሽ

skirt

ካምቻ

blaus

ካሚቻ

kemeja

ጉልፍ

baju panas sarung

ጎልፍ

sweater

ጃኬት

blazer

ጃከት

jaket

ጁባ

kot

ክዳን ዝናብ

baju hujan

ኮስቱም

kostum

ቀምሽ

pakaian

ቀምሽ መርዓ

baju pengantin

ልብሲ.
sut

ካሚቻ ለይቲ
baju tidur

ክዳን ለይቲ
baju tidur

ሳሪ
sari

መሃረብ ርእሲ.
skarf kepala

ቱርባን
serban

ቡርካ
burqa

ካፍታን
kaftan

አባያ
abaya/jubah

ክዳን መሕምበሲ.
baju renang

ስረ መሕምበሲ.
seluar renang

ሓጺር ስረ
seluar pendek

ክዳን ታዕሊም
sut balapan

በጀ ክዳን
apron

ጓንቲ
sarung tangan

መልኅም
....
butang

መነጽር
....
cermin mata

በንናጅር
....
gelang tangan

ማዕተብ
....
rantai leher

ቀለበት
....
cincin

ኩትሻ
....
subang

ቆብዕ
....
topi

መንበሪ ጁባ
....
penyangkut kot

ባርኔጣ
....
topi

ካርፋሻት
....
tali leher

ሻርኔጣ
....
zip

ሃልመት
....
topi keledar

መድልደል ስረ
....
pendakap

ድቢዛ ቤትትምህርቲ
....
uniform sekolah

ድቢዛ
....
seragam

ሰደርያ ቆልዓ

lapik dada

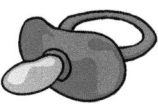

ዓባስ

palsu

ጨርቂ ማማይ

lampin

ቤት ጽሕፈት
pejabat

ሰርቨር
pelayan

ክብሒ ሰነድ
kabinet fail

ፕሪንተር
mesin pencetak

ሞኒተር
monitor

ወረቓት
kertas

ጣውላ
ምጽሓፍ
meja

አንጭዋ
tetikus

ሒጀሬ
folder

ኪቦርድ
papan kekunci

ጎሓፍ ወረቓት
bakul sampah

ኮምፒተር
komputer

መንበር
kerusi

ብርጭቆ ቡን

cawan kopi

ካልኩለተር

kalkulator

ኢንተርነት

internet

ለፕቶፕ

komputer riba

ደብዳበ

surat

መልእኽቲ

mesej

ሞባይል

mudah alih

ነትወርክ/መርበብ

rangkaian

መቅድሒ ፎቶኮፒ

mesin fotokopi

ሶፍትዌር

perisian

ተለፎን

telefon

ሶከት ኳረንቲ

soket plag

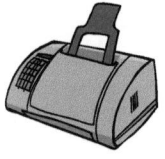

ፋክስ

mesin faks

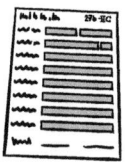

ፎርም

bentuk

ሰነድ

dokumen

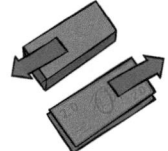

ገዝአ

beli

ከፈለ

bayar

ንግዲ

berdagang

ገንዘብ

wang

ዶላC

dolar

አይሮ

euro

የን

yen

ሩበል

rubel

ስዊዝ ፍራንከን

franc swiss

ረንሚንቢ ዩዋን

renminbi yuan

ሩፕየ

rupee

መውጽኢ ማሺን ገንዘብ

mata tunai

ቦታ ቅያር ገንዘብ

pejabat tukaran mata wang

ወርቂ

emas

ብሩር

perak

ዘይቲ

minyak

ሓይሊ

tenaga

ዋጋ

harga

ውዕል

kontrak

ቀረጽ

cukai

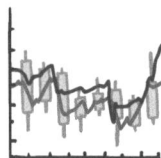

እኩብ ጥረ-ነገራት

stok

ሰርሔ

kerja

ሰራሕተኛ

pekerja

ኣስራሒ

majikan

ትካል

kilang

ዱኳን

kedai

በዓል ፖሊስ
pegawai polis

መጠፈኢ ሓዊ
ahli bomba

ከሻኒ
tukang masak

ሓኪም
doktor

መራሒ ነፋሪት
juruterbang

ሰራሕተኛ ጀርዲን

tukang kebun

ጸራቢ ዕንጸይቲ

tukang kayu

ሰፋይት

tukang jahit

ፈራዳይ

hakim

ቀማሚ

ahli kimia

ተዋሳኢ

pelakon

መራሒ አዉቶቡስ

pemandu bas

አዉቲስታ ታክሲ

pemandu teksi

ገፋሊ ዓሳ

nelayan

ጸራጊት

wanita pencuci

ሃናጻይ ናሕሲ

kasau

አሰላፊ

pelayan

ሃዳናይ

pemburu

ሰአላይ

pelukis

እንዳ ሕብስቲ

bakeri

ኤለትሪከኛ

juruelektrik

ሃናጺ አባይቲ

pembangun

ሃንዳሲ

jurutera

ሰራሕተኛ እንዳ ስጋ

penjual daging

ድራብሊኮ

tukang paip

አማላሳ ፓስጣ

posmen

ወተሃደር
askar

መሃንድስ
arkitek

ተሓዝ ገንዘብ
juruwang

ሰራሕተኛ ዕምባባ
kedai bunga

ቀምቃማይ
pendandan rambut

ፈተሪኖ
konduktor

መካኒክ
mekanik

መራሒ መርከብ
kapten

ሓኪም ስኒ
doktor gigi

ተመራማሪ
ahli sains

ራቢ
tuhanku

ኢማም
imam

ፈላሲ
sami

ቀሺ
paderi

ናውቲ
alat

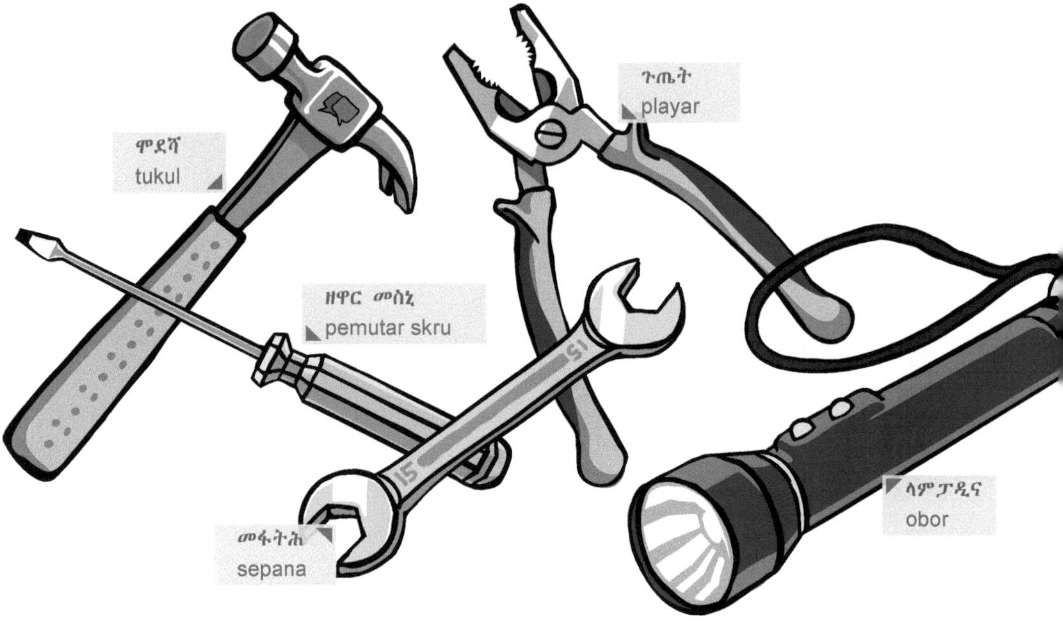
ሞደሻ
tukul
ጉጤት
playar
ዘዋር መስኒ
pemutar skru
መፋትሕ
sepana
ላምፓዲና
obor

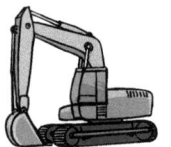

ፈሓሪ
....
pengorek

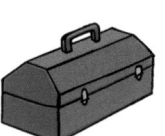

ናውቲ ቦክስ
....
kotak peralatan

መደያይቦ
....
tangga

መጋዝ
....
gergaji

መስማር
....
kuku

ኲዓቲ
....
gerudi

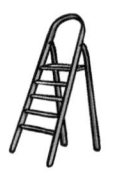

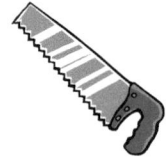

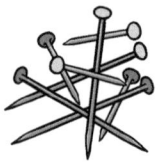

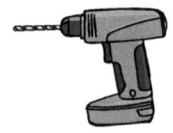

ምዕራይ
....
baiki

ባደላ
....
penyodok

አይ!
....
Celaka!

መትሓዚ ዶሮና
....
penadah sampah

ድስቲ ቀለም
....
periuk cat

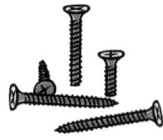

ካቻቢተ
....
skru

መሳርሒ ሙዚቃ

alat muzik

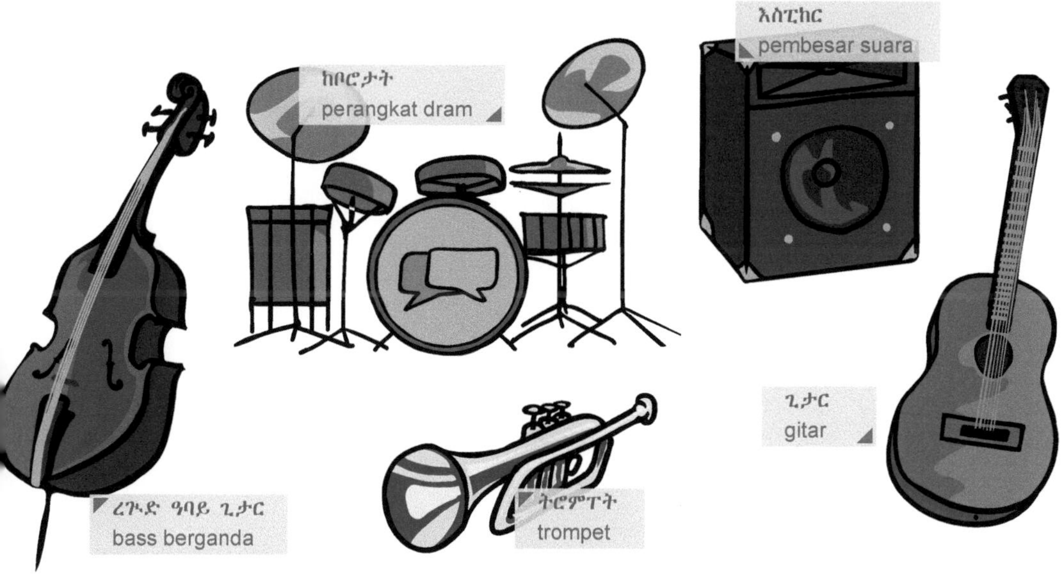

ከበሮታት
perangkat dram

እስፒከር
pembesar suara

ሪጎድ ዓባይ ጊታር
bass berganda

ትሮምፐት
trompet

ጊታር
gitar

ፒያኖ

piano

ቪዮሊን

biola

ባስ ጊታር

bass

ቲምንኢ

timpani

ከቦሮ

dram

ኦርጋን

papan kekunci

ሳክሶፎን

saksofon

ሻምብቆ

seruling

ሚክሮፎን

mikrofon

ZOO

መእተዊ
pintu masuk

ነብሪ
harimau

ጎጆያ
sangkar

አድጊ በረኻ
zebra

መግቢ እንስሳ
makanan haiwan

ፓንዳ
panda

እንስሳታት

haiwan

ሓርማዝ

gajah

ካንጋሩ

kanggaru

ሓሪሽ

badak sumbu

ጉሪላ

gorila

ድቢ

beruang

ገመል

unta

ሰገን

burung unta

አንበሳ

singa

ህበይ

monyet

ፍላሚንጎ

flamingo

ሕንጻይ

nuri

ድቢ በረድ

beruang kutub

ፐንጉን

penguin

ከልቢ ዓሳ

yu

ጣውስ

merak

ተመን

ular

ሓርገጽ

buaya

ሓላዊ ቤት ገርድሽ

penjaga zoo

ዓሳ ዚምገብ እንስሳ ባሕሪ

anjing laut

ጃጓር

jaguar

ሓጹር ፈረስ
kuda

ነብሪ
harimau

ጉማረ
badak air

ጂራፍ
zirafah

ሲላ
helang

መፍለስ
babi jantan

ዓሳ
ikan

ጎብየ
penyu

ዋልሩስ
anjing laut

ወኸርያ
musang

ሰስሓ
rusa

ናይ ኣሜሪካ ኩዕሶ እግሪ
bola sepak Amerika

ምዝዋር ብሽግለታ
berbasikal

ተኒስ
tenis

ባስከትባል
bola keranjang

ምሕምባስ
renang

ቦክሲንግ
tinju

ሆኪ በረድ
hoki ais

ኩዕሶ እግሪ
bola sepak

ባድሚንተን
badminton

እስፖርታዊ ንጥፈታት
olahraga

ኩዕሶ ኢድ
bola baling

ስኪ
ski

ፖሎ
polo

ነጠረ
lompat

ሕቀፈ
peluk

ሰሓቐ
ketawa

ከደ
berjalan

ደረፈ
menyanyi

ጸለየ
berdoa

ስዓመ
cium

ሓለመ
mimpi

ጸሓፈ	ሰአለ	አርአየ
tulis	lukis	tunjuk
ደፍአ	ሃበ	ወሰደ
tolak	beri	ambil

አለወ

ada

ገበረ

buat

ኮነ

ialah

ጠጠው በለ

berdiri

ጎየየ

lari

ሰሓበ

tarik

ሰንደወ

buang

ወደቐ

jatuh

ሓሰወ

tipu

ተጸበየ

tunggu

ሰከም

bawa

ኮፍ በለ

duduk

ተኸድነ

pakai

ደቀሰ

tidur

ተሰአ

bangkit

ረኣየ

lihat pada

በኸየ

menangis

ብኣጻብዑ ደረዘ

strok

መሸጠ

sikat

ተዛረበ

cakap

ተረድአ

faham

ሓተተ

tanya

ሰምዐ

dengar

ሰተየ

minum

በልዐ

makan

አቐመጠ

mengemas

አፍቀረ

sayang

ከሸነ

masak

ዘወረ

pandu

ነፈረ

terbang

ብመርከብ ገየሸ

belayar

ደመረ

kira

አንበበ

baca

ተመሃረ

belajar

ሰርሐ

kerja

መርዓወ

nikah

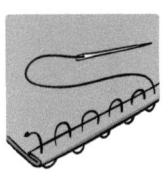

ሰፈየ

jahit

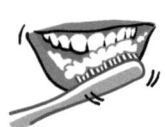

ጽሬት አስናን

memberus gigi

ቀተለ

bunuh

ሽጋራ ተከኸ

asap

ሰደደ

hantar

ዓባየ
nenek

አቦሐጎ
datuk

አቦ
bapa

አየ
ibu

ማማይ
bayi

ጓል
anak perempuan

ወዲ
anak lelaki

ጋሻ
tetamu

ሓትኖ
mak cik

አኮ
pak cik

ሓው
abang

ሓፍቲ
kakak

አካላት

badan

ግንባር
dahi
ዓይኒ
mata
መንኩብ
bahu
ኣጻብዕ
jari
ገጽ
muka
መንከስ
dagu
ኢድ
tangan
ሽፋን እግሪ
kaki
ኣፍ-ልቢ
dada
ምናት
lengan

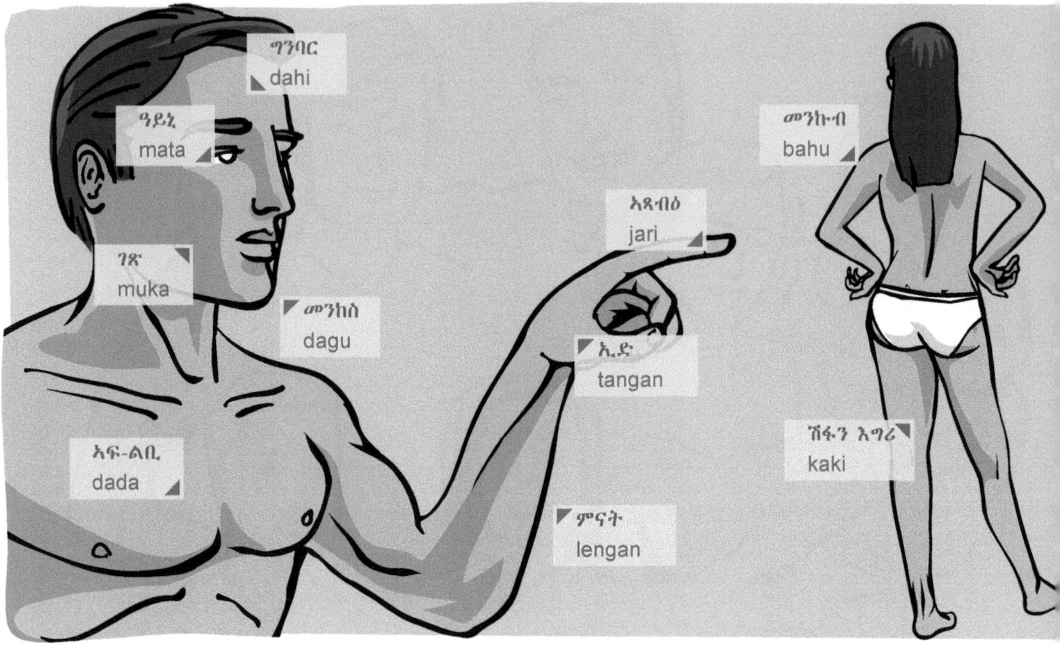

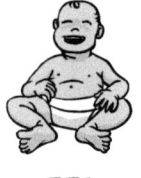

ማማይ

bayi

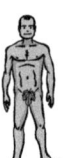

ሰብኣይ

lelaki

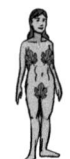

ሰበይቲ

wanita

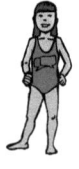

ጓል

perempuan

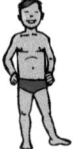

ወዲ

lelaki

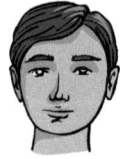

ርእሲ

kepala

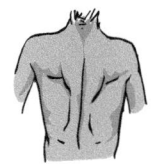

ሕቖ

belakang

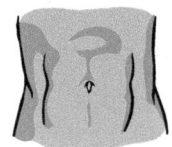

ከስዐ

bawah perut

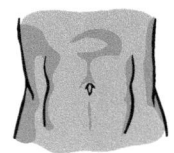

ሕምብርቲ

pusat

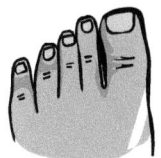

ኣጻብዕ እግሪ

jari kaki

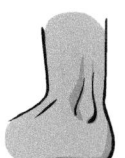

ኩርኵረ

tumit

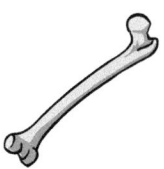

ዓጽሚ

tulang

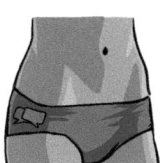

ምሕኵልቲ

pinggul

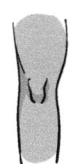

ብርኪ

lutut

ፌግፌጉ

siku

ኣፍንጫ

hidung

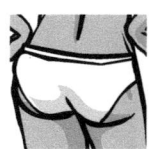

መዓኮር

bawah

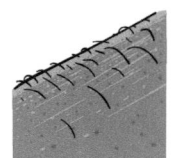

ቆርበት

kulit

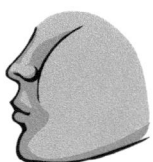

ምዕጕርቲ

pipi

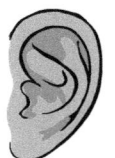

እዝኒ

telinga

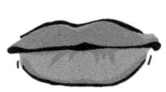

ከንፈር

bibir

አፍ
....
mulut

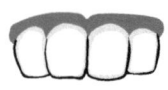

ስኒ
....
gigi

መልሓስ
....
lidah

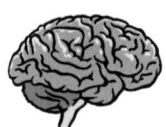

ሓንጎል
....
otak

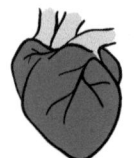

ልቢ
....
hati

ጭዋዳ
....
otot

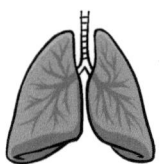

ሳንቡእ
....
paru-paru

ጸላም ከብዲ
....
hati

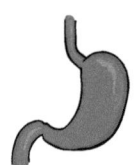

ከብዲ
....
perut

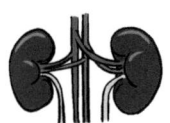

ኩሊት
....
buah pinggang

ግብረ ስጋ
....
seks

ኮንዶም
....
kondom

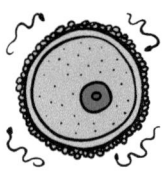

እንቋቍሖ
....
faraj

ዘርኢ ተባዕታይ
....
mani

ጥንሲ
....
mengandung

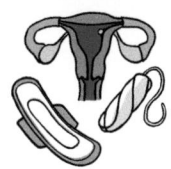

ጽግያት
....
haid

ርሕሚ
....
faraj

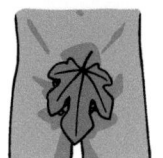

መትሎ
....
penis

ሽፋሽፍቲ
....
kening

ጸግሪ
....
rambut

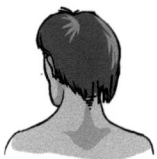

ክሳድ
....
leher

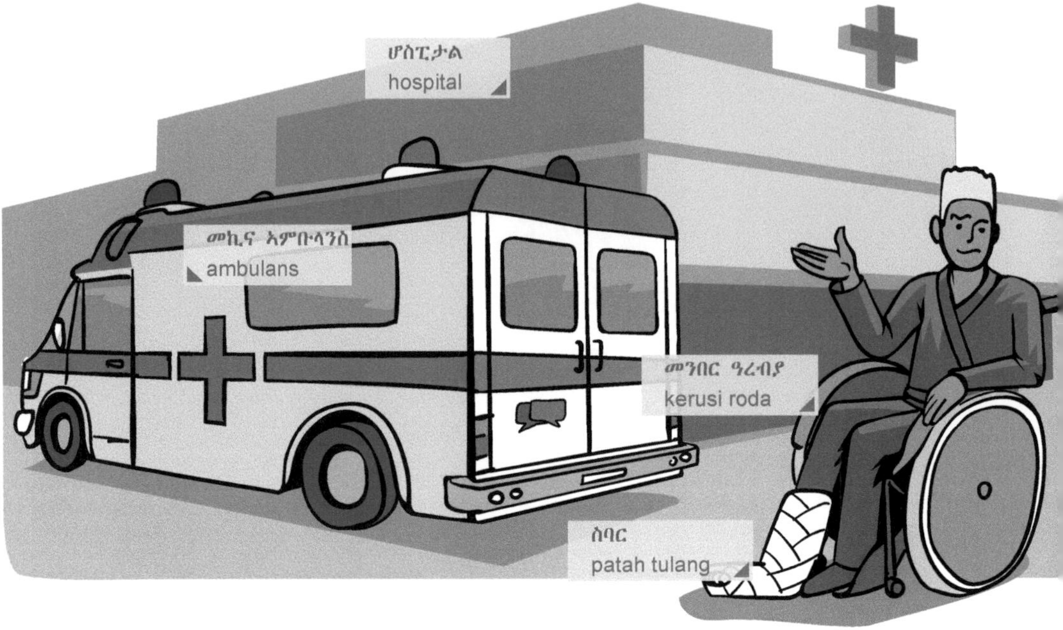

ሆስፒታል
hospital

መኪና አምቡላንስ
ambulans

መንበር ዓረብያ
kerusi roda

ስባር
patah tulang

ሓኪም
doktor

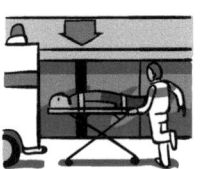

ክፍሊ ህጹጽ ረድኤት
bilik kecemasan

ኣላይት
jururawat

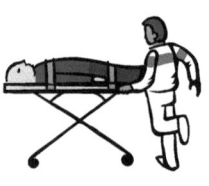

ህጹጽ ኩነት
kecemasan

ውነኡ ዘጥፍአ
tak sedar

ቃንዛ
sakit

ጉድኣት

kecederaan

ደም

pendarahan

ማህረምቲ

serangan jantung

ማህረምቲ

strok

ኣለርጂ

alergi

ሰዓል

batuk

ረስኒ

demam

ኡንፍልወንዛ

selesema

ውጽኣት

cirit-birit

ቃንዛ ርእሲ

sakit kepala

መንሽሮ

kanser

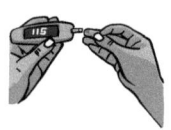

ሹኮርያ

diabetes

ሓኪም መጥባሕቲ

pakar bedah

መጥብሒ

pisau bedah

መጥባሕቲ

pembedahan

CT
CT

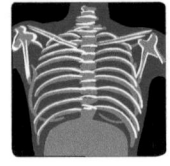

ራጅ
x-ray

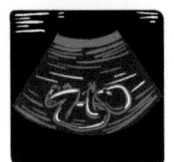

ልዕለ ድምጻዊ
ultrabunyi

መሸፈኒ ገጽ
topeng muka

ሕማም
penyakit

ክፍሊ ምጽባይ
bilik menunggu

ምርኩስ
penongkat

መጅነኒ ቁስሊ
plaster

መጅነኒ
pembalut

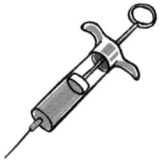

መርፍዕ ምውጋእ
suntikan

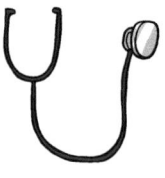

ስተቶስኮፕ
stetoskop

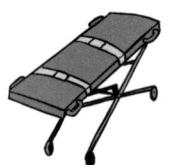

መሰከሚ ሕማም
pengusung

ቴርሞመተር
termometer klinik

ትውልዲ
kelahiran

ልዕለ-ሚዛን
berat badan berlebihan

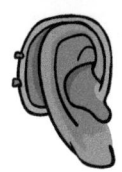

ሓገዝ ምስማዕ

alat pendengaran

አንጻሒ

disinfektan

ልበዳ

jangkitan

ሻይረስ

virus

ኤድስ

HIV / AIDS

ሕክምና

perubatan

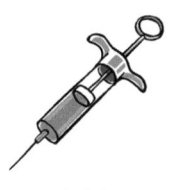

ክታበ

vaksinasi

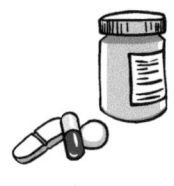

ከኒና

tablet

ከኒና

pil

ህጹጽ ምድዋል

panggilan kecemasan

መዕቀኒ ጸቕጢ ደም

pantau tekanan darah

ሕሙም / ጥዑይ

sakit / sihat

ሓገዝ

Tolong!

አላርም

penggera

ምህጃም

serang

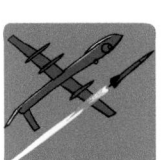

መጥቃዕቲ

serangan

ድንገት

bahaya

ህጹጽ መውጽኢ

pintu kecemasan

ሓዊ!

Api!

መጥፍኢ ሓዊ

alat pemadam api

ሓደጋ

kemalangan

ሳንጣ ቀዳማይ ረድኤት

alat pertolongan cemas

SOS

SOS

ፖሊስ

polis

ኤውሮጳ

Eropah

ሰሜን አመሪካ

Amerika Utara

ደቡብ አመሪካ

Amerika Selatan

አፍሪቃ

Afrika

ኤስያ

Asia

አውስትራልያ

Australia

አትላንቲክ

Atlantic

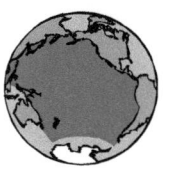

ፓሲፊክ

Pasifik

ህንዳዊ ዉቅያኖስ

Lautan Hindi

አንታርቲካዊ ዉቅያኖስ

Lautan Antartik

አርክቲካዊ ዉቅያኖስ

Lautan Artik

ሰሜናዊ ዋልታ

Kutub utara

ደቡባዊ ዋልታ

Kutub Selatan

አንታርቲካ

Antartika

ምድሪ

bumi

መሬት

tanah

ባሕሪ

laut

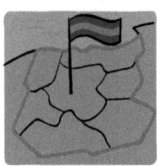

ደሴት

pulau

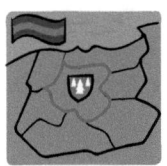

ሃገር

negara

ዓዲ

negeri

ገጽ ሰዓት

muka jam

አመልካቺ ሰዓታት

tangan jam

አመልካቺ ደቓይቝ

tangan minit

አመልካቺ ካልኢት

terpakai

ሰዓት ክንደይ አሎ?

Jam berapa sekarang

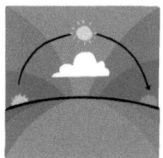

መዓልቲ

hari

ግዜ

masa

ሕጂ

sekarang

ዲጊታል ሰዓት

jam digital

ደቒቝ

minit

ሰዓት

jam

minggu

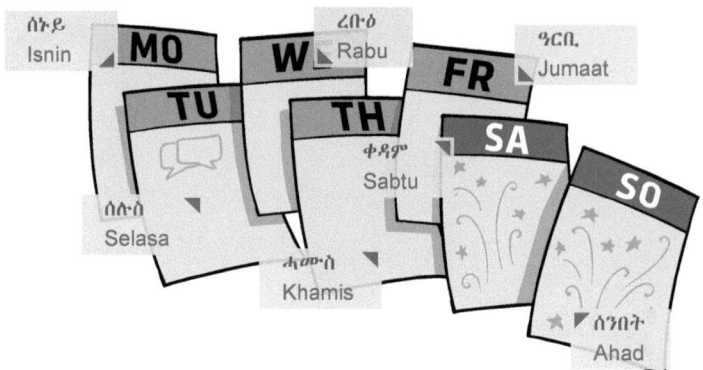

ስኑይ Isnin · MO
TU · ሰሉስ Selasa
W · ረቡዕ Rabu
TH · ሓሙስ Khamis
ቀዳም Sabtu · SA
ዓርቢ Jumaat · FR
SO · ሰንበት Ahad

ትማሊ
....
semalam

ሎሚ
....
hari ini

ጽባሕ
....
esok

ንጉሆ
....
pagi

ቀትሪ
....
tengah hari

ምሸት
....
petang

መዓልታት ስራሕ
....
hari kerja

መወዳእታ ሰሙን
....
hari minggu

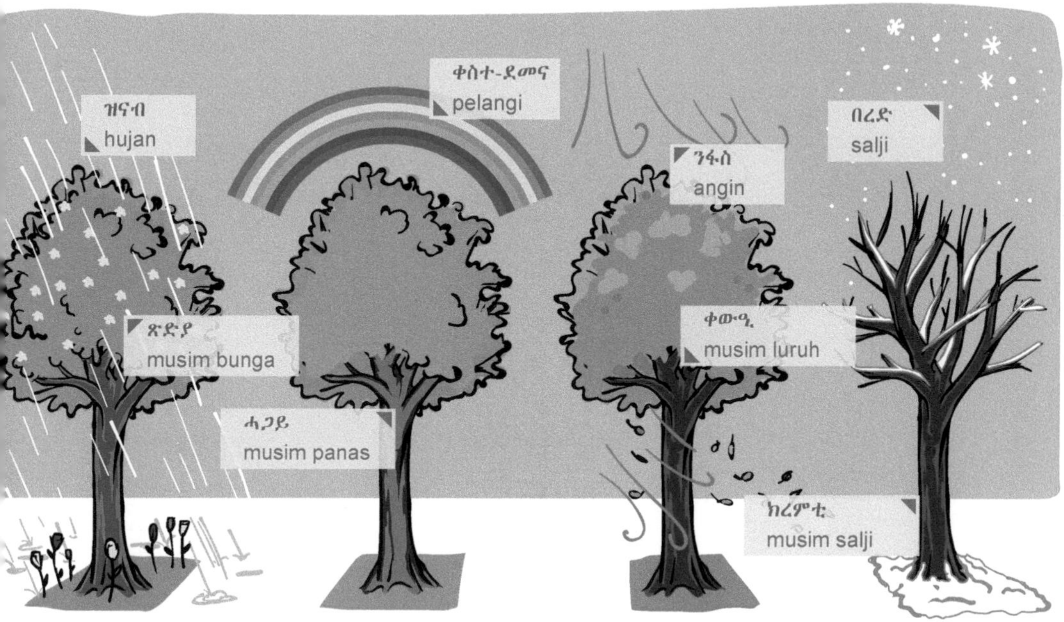

ዝናብ
hujan
ቀስተ-ደመና
pelangi
ንፋስ
angin
በረድ
salji
ጽድያ
musim bunga
ቀውዒ
musim luruh
ሓጋይ
musim panas
ክረምቲ
musim salji

4.APRIL 11°
5.APRIL 4°
6.APRIL 13°
7.APRIL 8°
8.APRIL 10°

ትንቢት ኩነታት ኣየር
....
ramalan cuaca

F C
120 40
30
90 20
60 10
30 0
0 -10
-30 -20

ቴርሞመተር
....
termometer

ብርሃን ጸሓይ
....
sinar matahari

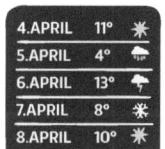

ደበና
....
awan

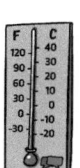

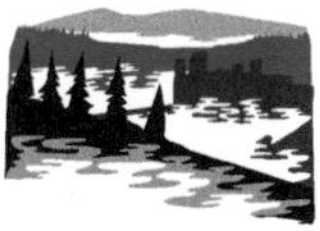

ግመ
....
kabus

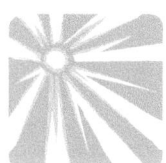

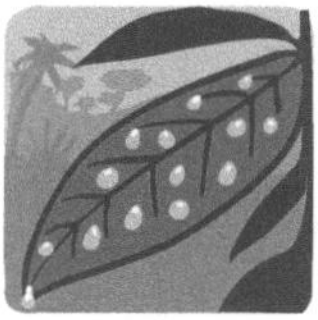

ጠሊ
....
lembapan

ብርቂ
....
kilat

ነጒዳ
....
petir

ህቦብላ
....
ribut

በረድ
....
hujan batu

ብርቱዕ ህቦብላ
....
monsun

ውሕጅ
....
banjir

በረድ
....
ais

ጥሪ
....
Januari

ለካቲት
....
Februari

መጋቢት
....
Mac

ሚያዝያ
....
April

ጉንበት
....
Mei

ሰነ
....
Jun

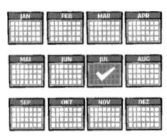

ሓምለ
....
Julai

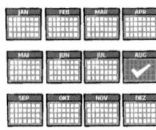

ነሓሰ
....
Ogos

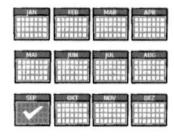

መስከረም
....
September

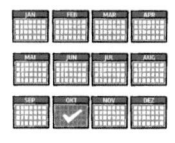

ጥቅምቲ
....
Oktober

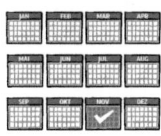

ሕዳር
....
November

ታሕሳስ
....
Disember

ቅርጸታት
bentuk

ዙርያ
....
bulatan

ትርብዒት
....
petak

ቅኑዕ ርቡዕ ኩርናዕ
....
segi empat tepat

ስሉስ ኩርናዕ
....
segitiga

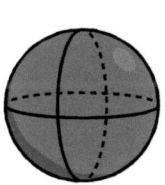

ክቢ
....
sfera

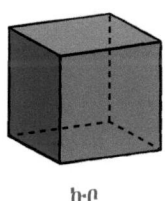

ኩቦ
....
kiub

ጸዕዳ
putih

ብጫ
kuning

ኣራንሺ
oren

ፒንክ
merah jambu

ቀይሕ
merah

ጁኸ
ungu

ሰማያዊ
biru

ቀጠልያ
hijau

ቡናዊ
coklat

ሓሙኽሽታይ
kelabu

ጸሊም
hitam

berlawanan

ብዙሕ / ውሑድ

banyak / sedikit

ሕሩቕ / ሰላማዊ

marah / tenang

ጽቡቕ / ክፉእ

cantik / hodoh

መጀመርያ / መወዳእታ

bermula / tamat

ዓቢ / ንእሽቶ

besar kecil

ብሩህ / ጸልማት

terang / gelap

ሓው / ሓፍት

abang / kakak

ጽሩይ / ርሳሕ

bersih / kotor

ምሉእ / ዘይምሉእ

lengkap / tidak lengkap

መዓልቲ / ለይቲ

hari / malam

ሙዉት / ህልው

mati / hidup

ሰፊሕ / ጸቢብ

luas / sempit

ደስ ዘበል / ደስ ዘይብል

boleh dimakan / tidak boleh dimakan

እኩይ / ህያዋይ

jahat / baik

ርቡጽ / ስልኩይ

teruja / bosan

ረጊድ / ቀጢን

gemuk / kurus

ቀዳማይ / ናይ መወዳእታ

pertama / terakhir

ዓርኪ / ጸላኢ

kawan / musuh

ምሉእ / ባዶ

penuh / kosong

ተሪር / ልስሉስ

keras / lembut

ከቢድ / ፈኩስ

berat / ringan

ጥምየት / ጽምየት

lapar / dahaga

ሕሙም / ጥዑይ

sakit / sihat

ዘይሕጋዊ / ሕጋዊ

menyalahi undang-undang / undang-undang

መስተውዓሊ / ስዲ

pintar / bodoh

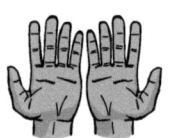

ጸጋም / የማን

kiri / kanan

ቐረባ / ርሑቕ

dekat / jauh

ሓዲሽ / ብሉይ
baru / lama

ዋላ ሓደ / ገለ
tiada / sesuatu

ዓቢ/ኣረጊት / መንእሰይ
tua / muda

ወልዕ / ኣጥፍእ
hidup / mati

ክፉት / ዕጹው
terbuka / tertutup

ህዱእ / ዓው
diam / bising

ሃብታም / ድኻ
kaya / miskin

ቅኑዕ / ግጉይ
betul / salah

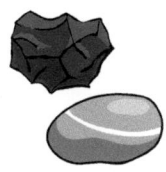

ሓርፋፍ / ልሙጽ
kasar / halus

ጉሁይ / ሕጉስ
sedih / gembira

ሓጺር / ነዊሕ
pendek / panjang

ቀስ / ቅልጡፍ
lambat / laju

ጥሉል / ንቑጽ
basah / kering

ምዉቕ / ዝሑል
panas / sejuk

ውግእ / ሰላም
berperang / berdamai

0

ዜሮ

sifar

1

ሓደ

satu

2

ክልተ

dua

3

ሰለስተ

tiga

4

አርባዕተ

empat

5

ሓሙሽተ

lima

6

ሽዱሽተ

enam

7

ሸውዓተ

tujuh

8

ሸሞንተ

lapan

9

ትሽዓተ

sembilan

10

ዓሰርተ

sepuluh

11

ዓሰርተ ሓደ

sebelas

12

ዓሰርተ ክልተ

dua belas

13

ዓሰርተ ሰለስተ

tiga belas

14

ዓሰርተ አርባዕተ

empat belas

15

ዓሰርተ ሓሙሽተ

lima belas

16

ዓሰርተ ሽዱሽተ

enam belas

17

ዓሰርተ ሸውዓተ

tujuh belas

18

ዓሰርተ ሸሞንተ

lapan belas

19

ዓሰርተ ትሽዓተ

Sembilan belas

20

ዕስራ

dua puluh

100

ሚእቲ

ratus

1.000

ሽሕ

ribu

1.000.000

ሚልዮን

juta

bahasa-bahasa

እንግሊዝኛ
....
Bahasa Inggeris

አመሪካዊ እንግሊዛዊ
....
Bahasa Inggeris Amerika

ቻይናዊ ማንዳሪን
....
Bahasa Cina Mandarin

ሂንዳዊ
....
Bahasa Hindi

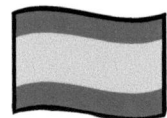

እስጳኛዊ
....
Bahasa Sepanyol

ፈረንሳዊ
....
Bahasa Perancis

ዓረባዊ
....
Bahasa Arab

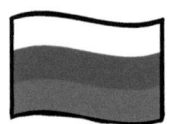

ሩሲያዊ
....
Bahasa Rusia

ፖርቱጋላዊ
....
Bahasa Portugis

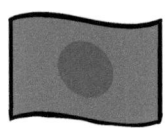

በንጋሊ
....
Bahasa Benggali

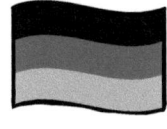

ጀርመናዊ
....
Bahasa Jerman

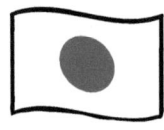

ጃፓናዊ
....
Bahasa Jepun

ኣነ

saya

ንስኻ/ኺ

anda

ንሱ / ንሳ / ንሱ

dia / dia / ia

ንሕና

kita

ንስኻ

anda

ንሳቶም

mereka

መን?

siapa?

እንታይ?

apa?

ከመይ?

bagaimana?

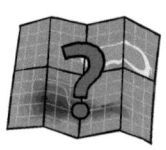

ኣበይ?

di mana?

መዓስ?

bila?

ሽም

nama

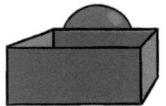

ድሕሪ

belakang

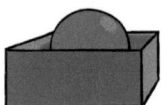

ኣብ

dalam

ኣብ ቅድሚ

di hadapan

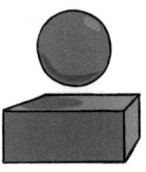

ኣብ ላዕሊ

lebih

ኣብ ልዕሊ

pada

ትሕቲ ምድሪ

di bawah

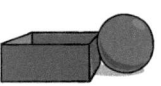

ኣብ ጥቓ

bersebelahan

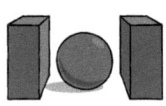

ኣብ መንጎ

antara

ቦታ

tempat